日本語間違い探し

日本語力検定委員会

彩図社

はじめに

私たちは時として、知らずしらずのうちに間違った日本語を使ってしまっています。

しかも、もしかしたらそのことに気づかずに、恥をかいているかもしれません。

とはいえ、改めて日本語を学ぶとなると、正直なところ面倒なものです。

そこで、クイズ形式で楽しく正しい日本語を身につけられないかと考え、作成したのが本書です。間違い探しといえば通常はイラストで行うものですが、本書では人物の会話の中に日本語の間違いがありますので、それを見つけてください。

最後までお読みいただければ、正しい日本語が身についていることでしょう。

日本語力検定委員会

【この本の使い方】

①左側のページに問題があります。
②間違いを見つけて、ページをめくってください。
③右側のページに答えがあります。

※各章の後半になると、セリフの数が多くなっていきます。

1章

間違いやすい慣用表現

―日常編―

日常の中で使っている慣用表現の中には、
誤用されがちなものが数多くあります。
この章にはそのような言葉を集めました。

Q.01

【日本語を間違えているのはどちら？】

A.01

間違っているのは…

1

×「火蓋が落とされた」

正しくは

「火蓋が切られた」

「火蓋が落とされる」「火蓋が切って落とされる」は、「幕を切って落とす」の混用だと思われます。

「火蓋」とは、火縄銃の点火用火薬を入れる皿を覆う蓋のこと。「火蓋を切る」で点火の準備をする、発砲することを意味していました。これが転じて、戦い・競争を始めるという意味になりました。

Q.02

【日本語を間違えているのはどちら？】

1
この前のパーティはいつもに増して人が多かったね
2
みなさん海外からのお客さんに興味をそそられたのでしょう

A.02

間違っているのは…❶

×「いつもに増して」

⬅ 正しくは

「いつにも増して」

「いつにも増して」は「普段以上に」という意味の強調表現です。この場合、「も」が強調の役割を果たします。一方、「いつもに増して」の「も」は、強調ではなく「いつも」という語の一部。強調表現としては弱いため、適切ではありません。

Q.03

【日本語を間違えているのはどちら?】

1
お子さん
起業するんだって?
弱冠20歳ですごいね
2
でも世間ずれしていて
すぐ騙されるから
心配よ

A.03

間違っているのは…❷

×「世間ずれしていて」

正しくは

「世間を知らなくて」

「世間ずれ」は、世間を渡ってきた経験によってずる賢くなっているという意味です。

すぐ騙されるというなら正反対の意味なので、「世間を知らない」「世間知らず」となります。

Q.04

【日本語を間違えているのはどちら？】

1
お気に入りのバンドの新曲、どうだった？
2
最初の部分しか聴けていないけどさわりはばっちりだよ

A.04

間違っているのは…

❷

×「さわりはばっちり」

正しくは

「冒頭はばっちり」等

「さわり」は「もっとも重要な点や感動的で印象深いところ」のこと。「最初の部分」という意味はありません。もともとは、「義太夫節の最大の聞かせどころ」を指しました。

平成19年度の「国語に関する世論調査」においては、正しく使えた人は35.1%で、55.0%の人が間違って使っていました。

Q.05

【日本語を間違えているのはどちら？】

1
昨日の試合は
惜敗《せきはい》だったね
もう少しで勝てたのに
2
悔しいけど
力をつけて来年
雪辱《せつじょく》を晴らそう

A.05

間違っているのは…

❷

×「雪辱を晴らそう」

正しくは

「雪辱を果たそう」

「雪辱を果たす」と「屈辱を晴らす」を混同したと思われる誤用です。「雪辱」は「辱《はじ》を雪《すす》ぐ」という意味。「晴らす」では「雪ぐ」と意味が重複してしまいます。

文化庁が発表した平成22年度「国語に関する世論調査」では、正しく答えられた人は43・3%、間違って答えた人は43・9%でした。

Q.06

【日本語を間違えているのはどちら？】

①
昨日はずっと熱にうなされてたんだ
②
そうなんだ、でも持ち直したみたいで良かった

A.06

間違っているのは…①

×「熱にうなされてた」

正しくは

「熱にうかされてた」

「熱にうかされる」は、高熱のためにうわごとを言うことを意味します。また、前後を忘れるほど夢中になる、という意味もあります。
「うなされる」は、恐ろしい夢を見て苦しそうな声を出すという意味なので、「熱を出して苦しんだ」ことを表現したい場合は適しません。

Q.07

【日本語を間違えているのはどちら？】

1
あの人はうんちくをひけらかすのが好きだね
2
自分の知識を自慢したいんでしょう話半分に聞いておこう

A.07

間違っているのは…

1

×「うんちくをひけらかす」

正しくは

「うんちくを傾ける」

本来、「うんちくをひけらかす」とは言いません。「知識をひけらかす」との混用と思われます。

「うんちく」は「蓄えた深い知識」のこと。「うんちくを傾ける」で「自分の知識・技能のすべてを出しつくす」という意味になります。

しかし、得意げに自分の知識を自慢されると、時にはうんざりするもの。少なからぬ人がそう感じているからこそ、「ひけらかす」「たれる」などの動詞が使われるのでしょう。

Q.08

【日本語を間違えているのはどちら？】

1
あの羽目を外して遊んでいた妹さんの結婚式、どうだった？
2
さすがにあの子も落ち着いていてしめやかだったよ

A.08

間違っているのは…

②

×「しめやかだった」

正しくは

「しとやかだった」

「しめやか」はしんみりとした様子をあらわす言葉です。天気などがもの静かな様子であったり、人の気分が沈んでいて悲し気な様子であったりするときに使うのが一般的です。「しとやか」は、落ち着いていて優雅であるという意味なので、このような場合は「しとやか」の方が適切です。

Q.09

【日本語を間違えているのはどちら？】

❶
先日の舞台の藤九郎はきわめつけの演技だったね
❷
彼の演技は玄人《くろうと》はだしだね

A.09

問違っているのは…

❶

×「きわめつけ」

←

正しくは

「きわめつき」

「きわめつき（極め付き）」とは、「極め書き」という鑑定書が付いた書画・刀剣・骨董類のこと。転じて「高い評価を得ているもの」という意味で使われるようになりました。

「きわめつけ」を認める辞書もありますが、本来の意味とは異なるため、誤用とみなす辞書や解説書の方が多いのが現状です。

②の「玄人はだし」は、経験の浅い人がその道の専門家を超える知識や技術を持っているということです。「玄人が裸足で逃げ出すほどだ」ということなので、「素人はだし」と間違えないようにしましょう。

Q.10

【日本語を間違えているのはどちら？】

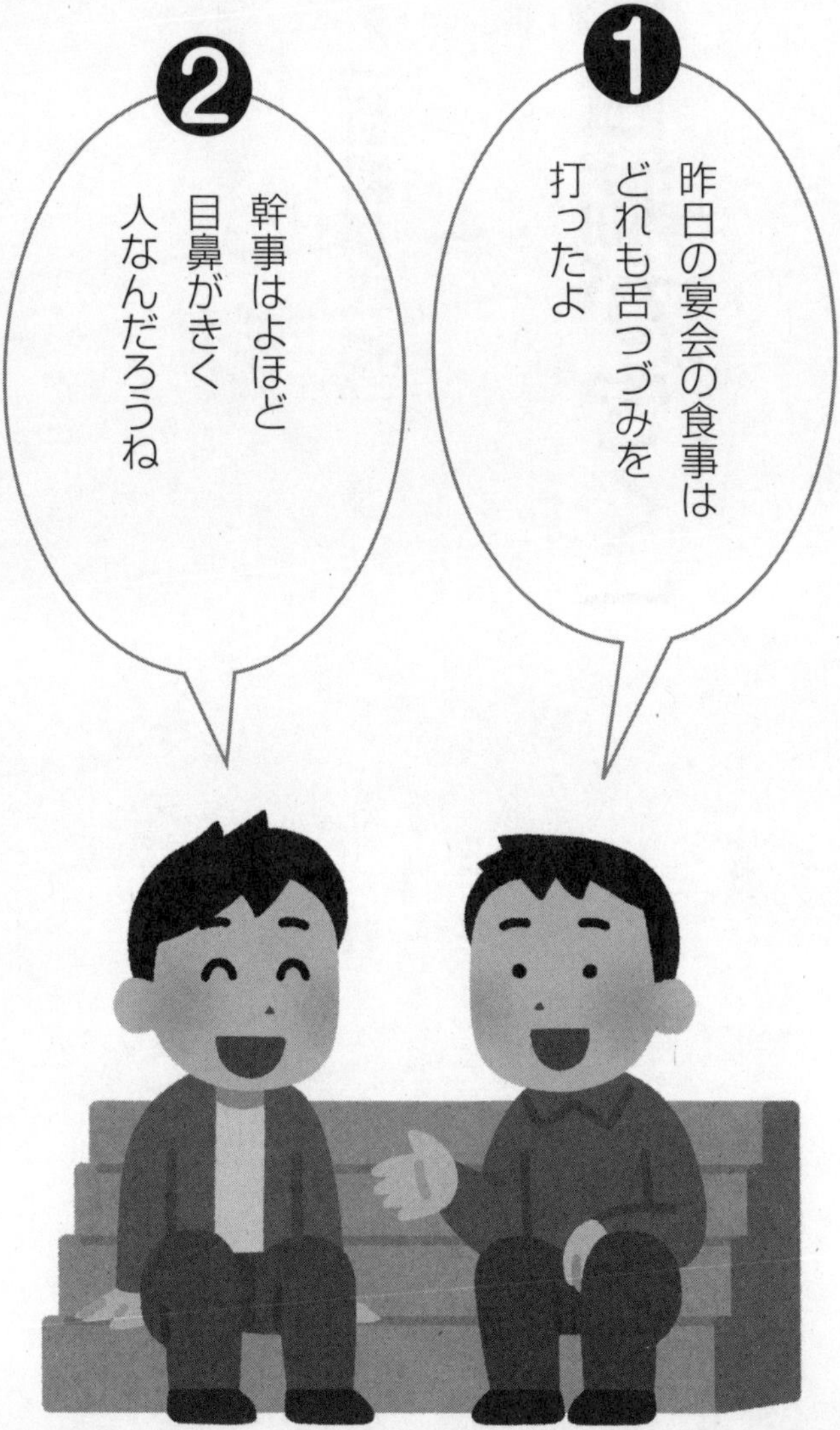
1
昨日の宴会の食事はどれも舌つづみを打ったよ
2
幹事はよほど目鼻がきく人なんだろうね

A.10

間違っているのは…②

×「目鼻がきく」

正しくは

「目端がきく」

「目鼻がきく」という慣用句はありません。見通しがつくことを意味する「目鼻がつく」と、「目がきく」「鼻がきく」との混同だと思われます。

正解の「目端《めはし》」とは、目の端、眼力のこと。「目端がきく」で機転がきくことを意味します。

Q.11

【日本語を間違えているのはどちら？】

①
今年は政治家や
芸能人のスキャンダルが
よく明るみになるね
②
不倫に汚職なんて
遅かれ早かれ
バレたろうに

A.11

間違っているのは…

1

×「明るみになる」

正しくは

「明るみに出る」

「明るみに出る」は、知られていなかったことや隠されていたことが世間に広まるという意味。「明るみになる」は「明らかになる」との混用だと思われます。慣用表現としては誤りなので、注意しましょう。

Q.12

【日本語を間違えているのはどちら？】

1
例のコンサートのチケット当選したんだって？
2
そうなんだ！ つい笑顔がこぼれちゃうよ

A.12

間違っているのは…

2

×「笑顔がこぼれちゃう」

正しくは

「笑みがこぼれちゃう」

この場合の「こぼれる」は、感情などが抑えきれなくなって外に出ることを意味します。「笑顔」は感情ではなく「顔」なので、こぼれるとは言いません。「笑顔」を使いたい場合は、「笑顔になる」と表現しましょう。

Q.13

【日本語を間違えているのはどちら？】

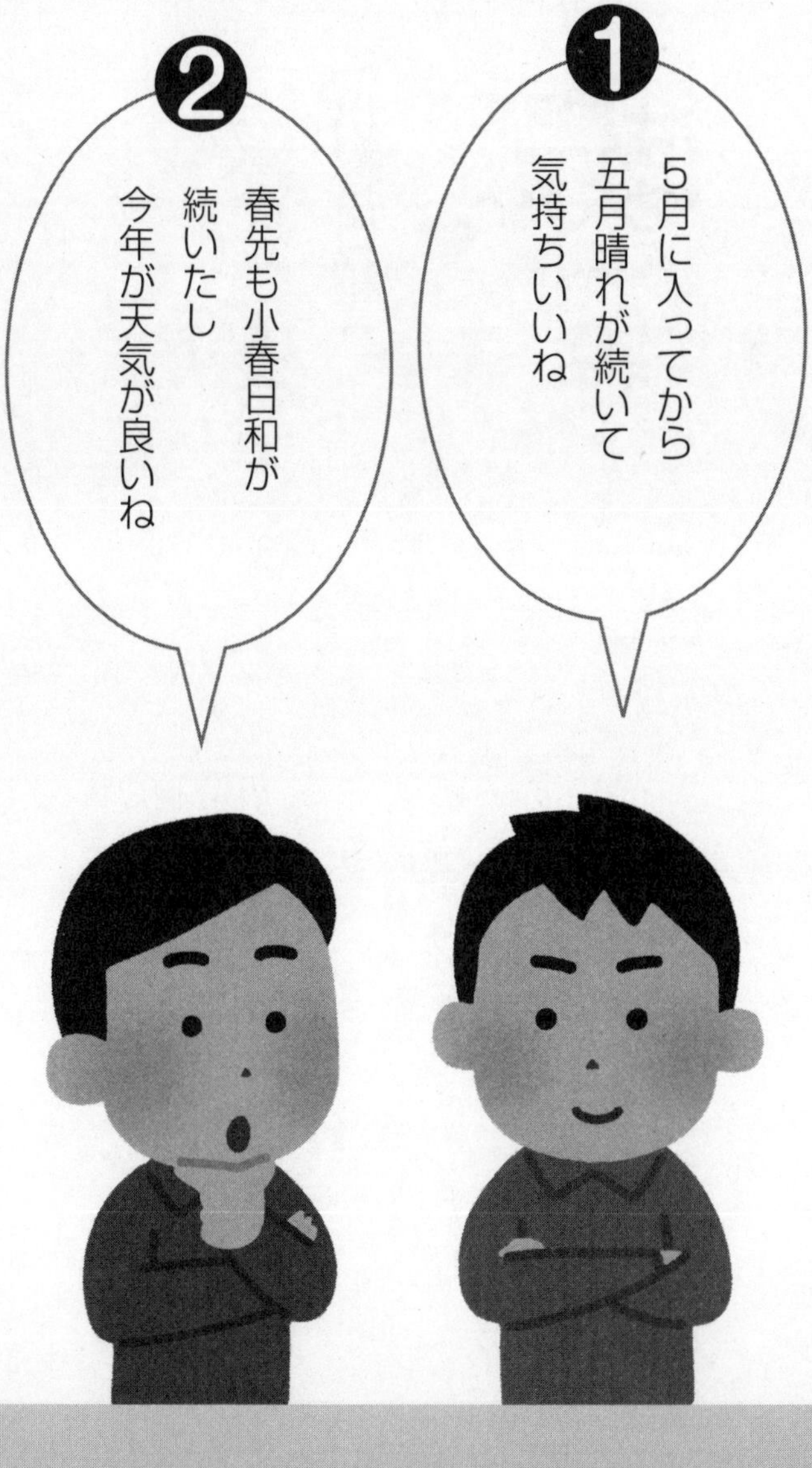
❶
5月に入ってから五月晴れが続いて気持ちいいね
❷
春先も小春日和が続いたし今年が天気が良いね

A.13

間違っているのは…

❷

×「小春日和」

正しくは

「晴天」等

旧暦では10月のことを「小春」ともいいます。「小春日和」は晩秋から初冬にかけての間のあたたかな晴れ間のこと。春先の天気の良い日という意味はありません。

「五月晴れ」は本来、旧暦の5月＝新暦の6月の晴れ間を意味し、梅雨の晴れ間のことでしたが、現在では新暦5月の晴れの日という意味が市民権を得ているため、使っても問題はないとされています。

Q.14

【日本語を間違えているのはどちら？】

1
息子さんは大一番《おおいちばん》に
強いですね
ピアノの発表会でも
堂々としていましたよ
2
僕は有頂天《うちょうてん》になって
子どもから落ち着けって
叱られたけどね

A.14

間違っているのは…1

×「大一番」

正しくは

「大舞台」

「大舞台《おおぶたい》」は晴れの場所のこと。「大舞台に強い」で本番に強いことをあらわします。

対する「大一番」は、相撲などで優勝を左右するような大事な取組・試合のこと。「横綱昇進をかけた大一番」「勝てばリーグ優勝の大一番」などと使うのが一般的です。

Q.15

【日本語を間違えているのはどちら？】

A.15

間違っているのは…①

×「恩にきります、」

正しくは

「恩にきます」

「恩に切る」と覚えると「きります」となってしまいますが、恩は「切る」のでなく「着る」ものなので、正しくは「恩に着ます」となります。

Q.16

【日本語を間違えているのはどちら？】

1
昨日、100年以上続く老舗《しにせ》のうなぎ屋で食事をしたんだ
2
すごいなあ職人も年季が違うんでしょうね

A.16

間違っているのは…

❷

×「年季が違う」

正しくは

「年季が入っている」

「年季」は、「奉公人を雇う約束の年限」のことで、1年で一季です。

江戸時代の商店の奉公人は、年季を何年も経ることで経験を積んできました。ここから、「年季が入っている」「年季が違う」など、「長く修練を重ねて腕が熟練している」ことをあらわす言葉が生まれました。

「年季が違う」という言い方はありません。

Q.17

【日本語を間違えているのはどちら？】

1
隣の家、夜中の騒音が
ひどくて怒り心頭に
発してしまいそう
2
夜にうるさいと
よく眠れないから
嫌気がするね

A.17

間違っているのは…②

×「嫌気がする、」

正しくは

「嫌気がさす、」

嫌だと思う気持ちが生じることを、「嫌気がさす」と言います。「嫌気がする」とは言いません。

この場合の「さす」は、好ましくないものが人の心の中に入り込むことを意味します。「魔がさす」「眠気がさす」などの「さす」も同じ意味です。

①の「怒り心頭に発す」の「発す」は、「達す」としてしまいがちですが、正しくは「発す」です。

Q.18

【日本語を間違えているのはどちら？】

1
よもやあなたが記憶をなくすまで飲むとはね
2
いやあ、恥ずかしくて目から火が出る思いだよ

A.18

間違っているのは…②

×「目から火が出る」

正しくは

「顔から火が出る」

恥ずかしいことを表現したいなら、「目」ではなく「顔」が正解。恥ずかしくて顔が上気し、火が出ているように真っ赤になっている様子を指します。

対する「目から火が出る」は、頭や顔を強くぶつけてめまいがするときに使う慣用句です。

Q.19

【日本語を間違えているのはどちら？】

1
また苦杯を
飲まされた！
相性が悪いのかな
2
でも試合は接戦だったし
もう少し頑張れば
勝つ公算は高いよ

A.19

間違っているのは…

×「苦杯を飲まされた」 ①

正しくは

「苦杯を喫した」

「苦杯」は苦い飲み物を入れた杯のこと。「喫する」とは、飲み物などを口を通じて喉に入れることです。
転じて辛い経験をすることを、慣用表現として「苦杯を喫する」「苦杯をなめる」と言うようになりました。

Q.20

【日本語を間違えているのはどちら？】

A.20

間違っているのは…

❷

×「存亡の危機」

正しくは

「存亡の機」

「存亡の機」は、存在するか滅びてしまうかの重大な場面のこと。

出典は、中国で編纂された『戦国策』の「聴は存亡の機なり」。「献策に耳を傾けるということは、国の存亡に関わる重大時である」という意味です。

平成28年度「国語に関する世論調査」では、本来の言い方とされる「存亡の機」を選んだ人は6・6%に過ぎず、83・0%の人が「存亡の危機」を選びました。慣用句としては「存亡の機」が正しいものの、「存亡の危機」の方も定着していることが分かります。

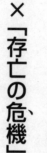

Q.21

【日本語を間違えているのはどの人？】

1
祇園祭《ぎおんまつり》は1000年以上続く由緒あるものなんだって
2
古式豊かなのに堅苦しくなくて好きだわ
3
伝統的な行事には肩肘張るものもあるからね

A.21

間違っているのは…❷

×「古式豊か」

正しくは

「古式ゆかしい」

「古式ゆかしく」は、古くからのしきたりにしたがって、という意味です。心が惹かれることを意味する「ゆかしく」によって、古き良きものを懐かしむニュアンスをあらわしています。

Q.22

【日本語を間違えているのはどの人？】

1
あの俳優今じゃ押しも押されぬ人気者ね
2
私は10年来ずっと好きだから往年のファンと言えるね
3
それはちょっとうぬぼれたくなるね

A.22

間違っているのは…

❶

×「押しも押されぬ」

正しくは

「押しも押されもせぬ」

誰もが認めるという意味の慣用句。「押しも押されぬ」は誤用です。「押しも押されもせぬ」と「押すに押されぬ」とを混同したと思われます。

平成15年度の「国語に関する世論調査」では、「押しも押されもせぬ」を使う人は36・9％だったのに対し、「押しも押されぬ」を使う人は51・4％にのぼりました。

Q.23

【日本語を間違えているのはどの人？】

1
2人目が生まれたんですって愛らしいでしょうね
2
そうだね、また愛想を振りまくのが上手なんだよ
3
親の背を見て子は育つというし君の影響かもね

A.23

間違っているのは…

❷

×「愛想をふりまく」

正しくは

「愛嬌をふりまく」

「愛想」と「愛嬌」は混同してしまいがちですが、「愛想」とは他人に対する態度のことで、「愛想がいい」「愛想が尽きる」などと使います。「愛嬌」は可愛げのことなので、振りまくのは「愛嬌」です。

Q.24

【日本語を間違えているのはどの人？】

1
会社をお役目御免《ごめん》になったって聞いたけど本当？
2
いや、その件は自分でも首をかしげるほど不可解な話でね
3
言葉を濁さないでよ

A.24

間違っているのは…

❶

×「お役目御免」

正しくは

「お役御免」

「お役御免」は免職になること、仕事から解放されることを意味します。「お役」は「御役目」の略語です。意味から考えれば「御役御免」も「御役目御免」も同じですが、江戸時代において、武士が役職を解任されることは「御役御免」と言われていました。これが一般に浸透したと考えられます。

Q.25

【日本語を間違えているのはどれ？】

1. 髪型を変えたんだ
忌憚《きたん》のない意見を
聞かせて

2. ああ、
かかりつけの美容師の
ところでかい

3. うん、値は張るけど
実力は折り紙付きだから
おすすめだよ

A.25

間違っているのは…②

×「かかりつけ」

正しくは

「行きつけ」

「かかりつけ」は「かかりつけ医」など、医師限定の表現です。身近にいて健康について何でも相談できる医師を指します。美容師の場合は、「行きつけ」を使いましょう。

Q.26

【日本語を間違えているのはどれ？】

1 ピンチをきっかけに君との絆が深まった気がするよ
2 きっとこれも運命なんでしょう袖振りあうも多少の縁ね
3 縁は異なもの味なもの、ってやつだね

A.26

間違っているのは…②

×「袖振りあうも多少の縁」

正しくは

「袖振りあうも多生、の縁」

「袖振り合うも多生の縁」とは、人との出会いには深い因縁があるから、どんな出会いも大切にすべきだということわざです。ここには、生まれ変わりを説く仏教の世界観があらわれています。

「多生」も、何度も生まれ変わることを意味する仏教の言葉。「多少」では意味が通じなくなってしまうので、誤りです。

Q.27

【日本語を間違えているのはどれ？】

1
怒られずにすんだな
口車を合わせておいて
良かったよ
2
この前の二の舞は
演じないさ、しかし
母さんも疑い深いな
3
俺たちが問題児だから
腹に据えかねて
いるんだろう

A.27

間違っているのは…❶

×「口車、をあわせておいて」

正しくは

「口裏を合わせておいて」

「口車を合わせる」は、「口裏を合わせる」と「口車に乗せる」の混用だと思われます。

「口裏を合わせる」は、あらかじめ相談して話を合わせておくことです。

対する「口車に乗せる」は、巧みな話で人をだますこと。「口裏を合わせる」とは意味が異なるので、注意して使いましょう。

Q.28

【日本語を間違えているのはどれ？】

1
あの2人また声を荒げて言い合っているわね
2
恨み骨髄に達すというのかな、仲が良いようにも見えるけど
3
考えが甘いよ実際はものすさまじい感情があると思うよ

A.28

間違っているのは…❷

×「恨み骨髄に達す」

正しくは

「恨み骨髄に徹す」

この場合の「徹す」は、骨の芯まで入り込んでいくほど恨みが強い、ということを意味します。
「達する」も意味は似ていますが、「徹す」の方はじわじわと浸透していく様子も表現されています。

Q.29

【日本語を間違えているのはどれ？】

1
主任なんて私にはとうてい役不足です
2
しかし君が脚光を浴びたのは事実だよ
3
では頑張って采配《さいはい》をふってみます
4
しばらくすれば心配は杞憂《きゆう》だったと気づくさ

A.29

間違っているのは…

1

×「役不足」

正しくは

「力不足」

「役不足」は、与えられた役目の方がその人の力量より不相応に軽いときに使う言葉です。実力以上の評価を受けて謙遜する意味はありません。
「私では役不足」という言い方では「もっと良い役が私にふさわしい」という意味になってしまうので要注意です。

Q.30

【日本語を間違えているのはどれ？】

1
カンボジアは面白いよ
遺跡は雄大だし
人はほがらかだし
2
それは見識が
広がりましたね
3
ただぼったくりが多くて
たいていの店で
上前《うわまえ》をかすめられちゃった
4
したたかな人が
多いんですね

A.30

間違っているのは…3

×「上前をかすめられる」

正しくは

「上前をはねられる」

「上前」は「上米」が転じた言葉で、取引の仲介者が取る手数料のことです。「ピンはねする」「前をはねる」も同じ意味の言葉で、どれも「かすめる」ではなく「はねる」を使います。「かすめる」と混同しがちですが、「上前をかすめる」とは言いません。

2章

間違いやすい慣用表現

―仕事編―

仕事上のやりとりは、日常での会話以上に注意が必要です。ですが、大人になるとなかなか他人から間違いを指摘してもらえないものです。この章で確認してみましょう。

Q.01

【日本語を間違えているのはどちら？】

1
社長の肝入りで採用を刷新するらしいね
2
ええ、有望な人材を青田刈りするんです

A.01

間違っているのは…❷

×「青田刈り」

正しくは

「青田買い」

企業が大学卒業予定の学生をごく早い時期に採用することを「青田買い」といいます。

青田とは、まだ実り具合の分からない稲穂が並ぶ田んぼです。稲が青いうちに収穫量を見越してその青田を買い取るというのがこの言葉の意味なので、「買い」が正しいです。

Q.02

【日本語を間違えているのはどちら？】

A.02

間違っているのは…

1

× 「寸暇を惜しまず」

正しくは

「寸暇を惜しんで」

「寸暇を惜しんで」と「骨身を惜しまず」を混同したのが「寸暇を惜しまず」だと考えられます。

「寸暇」はちょっとした時間のことですから、目標があるのなら、時間を惜しんで頑張る方が良いでしょう。

「白羽の矢が立つ」の「立つ」は「刺さる」と間違いやすいですが、正しくは「立つ」です。

Q.03

【日本語を間違えているのはどちら？】

A.03

間違っているのは…

1

×「頭角を出した」

正しくは

「頭角を現した」

「頭角」は文字通り頭部にある角のことで、才能が他の人より優れていることを意味します。「頭角を出す」という言い方はしません。

Q.04

【日本語を間違えているのはどちら？】

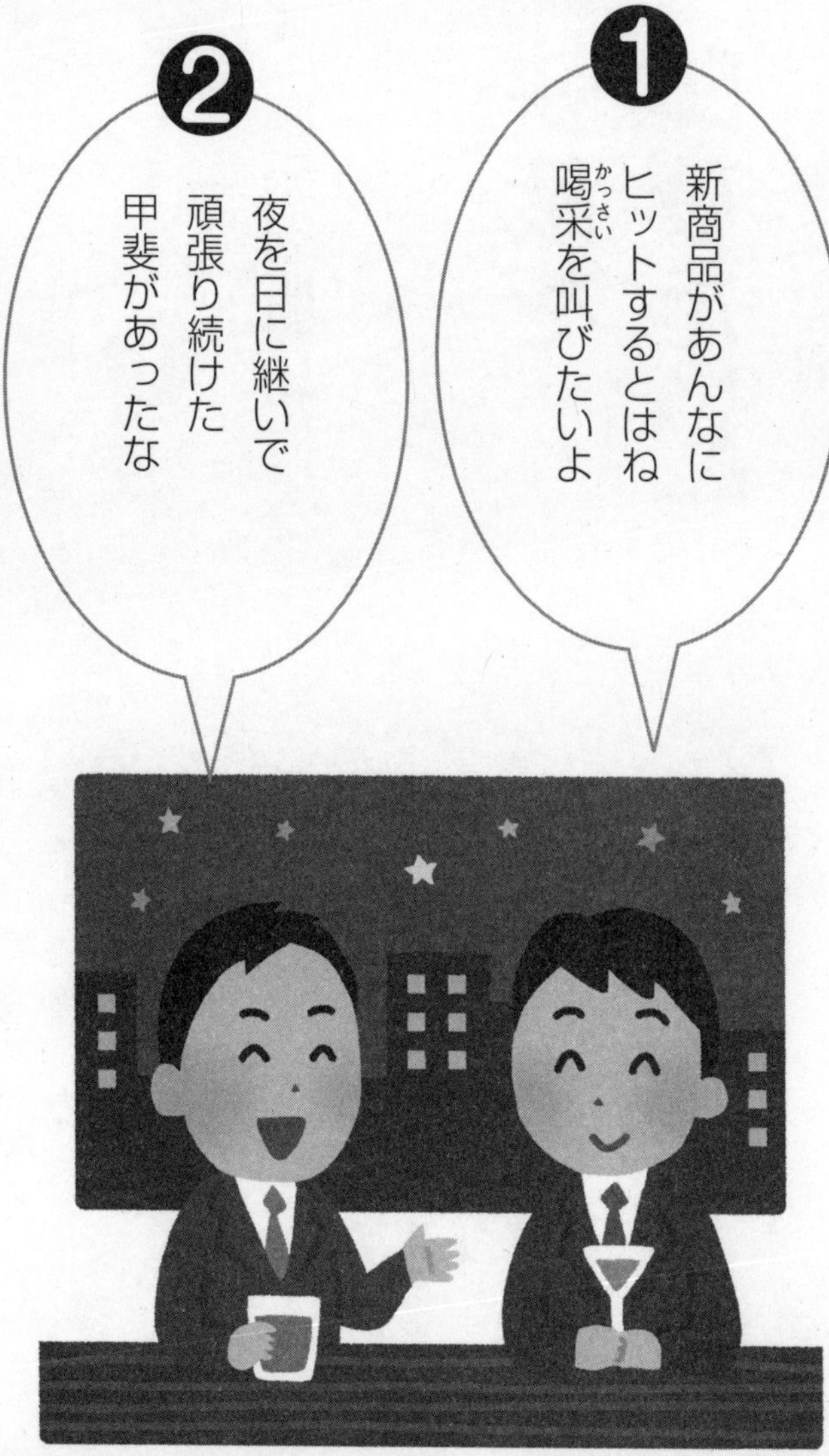
①
新商品があんなにヒットするとはね喝采《かっさい》を叫びたいよ
②
夜を日に継いで頑張り続けた甲斐があったな

A.04

間違っているのは…

❶

×「喝采を叫びたい」

正しくは

「快哉を叫びたい」

「快哉《かいさい》」の「哉」は「〜だなあ」などの感慨を示す字で、「快哉」で、愉快・楽しい・気持ちの良いこととなります。「喝采」は「喝采を浴びる」など、主に受ける側の立場で使います。

Q.05

【日本語を間違えているのはどちら？】

A.05

間違っているのは…①

×「苦虫をかんだような」

正しくは

「苦虫をかみつぶしたような」

苦虫とは、とても苦い味のする想像上の生物です。ただかむだけでなく、かみつぶすことで味が口の中に広がるのでよりダメージが大きい、と覚えると良いかもしれません。

Q.06

【日本語を間違えているのはどちら？】

1
大田さんはクールだね
とりつくひまも
なかったよ
2
この間も
木で鼻をくくったような
態度だったからね

A.06

間違っているのは…①

×「とりつくひま」

正しくは

「とりつくしま」

「ひま（暇）」と間違いやすいですが、とりつくのは「しま（島）」です。

何かを相談しようとしても頼りになるものがないという意味なので、多忙の中の「暇」よりも、海を行く船にとっての「島」の方がより切実でしょう。

Q.07

【日本語を間違えているのはどちら？】

A.07

間違っているのは…

1

×「三日とあけず」

正しくは

「三日にあげず」

「三日にあげず」は、間をおかず頻繁にという意味の慣用句です。「三日」は、実際の三日間をさすわけではなく、間をあけないという意味で、「あげず」も頻繁にという意味です。

Q.08

【日本語を間違えているのはどちら？】

1
社長から直接新企画について苦言を発されるとはね
2
頭を切り替えて新規まき直しをはかりましょう

A.08

間違っているのは…❶

×「苦言を発される」

正しくは

「苦言を呈される」

相手方の良くない点について、あえて発言することを「苦言を呈する」といいます。「呈する」には、差し出すという意味もあります。

「まき直し」は「まき返し」と混同しがちですが、植物の種をまき直すようにやり直しを図るという意味の正しい表現です。

Q.09

【日本語を間違えているのはどちら？】

1
このまま続けても
屋上屋《おくじょうおく》を重ねる
だけだから
対策を考えないと
2
一からやり直した方が
無駄が省けるかも
しれませんね

A.09

間違っているのは…①

×「屋上屋を重ねる」

正しくは

「屋上屋を架す」

「屋上屋を架《か》す」は、屋上の上にさらに屋上を架けるような、ムダなことをするときの例えとして使われます。「重ねる」では意味が通りません。

なお、「架す」は空中に長いものをわたすときに使う言葉で、橋などにも使われます。

Q.10

【日本語を間違えているのはどちら？】

①
新しいリーダーに佐々木君はどうかなひとつのことに心血を注ぐタイプだし
②
彼はどうでしょう御託《ごたく》を言ってばかりで肝心の能力が足りないように思います

A.10

間違っているのは…

2

×「御託を言ってばかり」

正しくは

「御託を並べてばかり」

「御託」は、神仏のお告げ「御託宣《ごたくせん》」が略されたものです。

御託宣を告げる人物のように、もったいぶってえらそうな言い分を並べたてるのですから、とても傲慢な態度であることがうかがえます。

Q.11

【日本語を間違えているのはどちら？】

A.11

間違っているのは…❶

×「後へも先へも引けない」

正しくは

「後へも先へも行けない」

「後に引けない」という言い方もあるので紛らわしいですが、「後へ引く」ことはできても「先へ引く」ことはできません。「後へも先へも」が正しい慣用句です。

Q.12

【日本語を間違えているのはどちら？】

1
お祖父様が馬齢《ばれい》を重ねて
80歳になられたそうで
おめでとうございます
2
君も太鼓持ちだね
なに、生きていれば
80歳にもなるさ

A.12

間違っているのは…

1

×「馬齢を重ねて」

正しくは

「年輪を重ねて」等

「馬齢を重ねる」は無駄に年をとるという意味の慣用句です。②の人物が自分の祖父を謙遜して「馬齢を重ねてしまったよ」と言うのであれば良いのですが、他人やその親族に対して使うのは失礼です。

Q.13

【日本語を間違えているのはどちら？】

1
新規開店のレストラン、満席だったから後ろ髪を引かれながら帰ってきたよ
2
あの店は部長好みだと思いますよ　私のお墨付きです

A.13

間違っているのは…②

×「私のお墨付き」

正しくは

「私が保証します」等

「お墨付き」は、かつて将軍や大名などが部下に対して与えた、領地などを保証する文書のことでした。転じて現在は、権威のある人による保証という意味となっています。目上の人に対して使うのは避けた方が良いでしょう。

Q.14

【日本語を間違えているのはどちら？】

A.14

間違っているのは…❷

×「枯れ木も山の賑わい」

正しくは

「賑やか」等

「枯れ木も山の賑わい」とは、つまらない物でもないよりはましという意味です。人がたくさん集まれば賑やかになるという意味ではありません。

この言葉で誰かを誘うことは失礼にあたるので注意しましょう。

Q.15

【日本語を間違えているのはどの人？】

1
部長の独演会が
また始まったよ
2
いつもの鬼の霍乱《かくらん》か
あれが始まると
長いんだよな
3
下手に出たのに
骨折り損に
なっちゃったね

A.15

間違っているのは…

2

×「鬼の霍乱」

正しくは

「孤軍奮闘」等

「鬼の霍乱」は、普段はとても健康な人が珍しく病気になることの例えです。暴れる・騒ぐなどの意味はないので、前ページのような使い方はできません。ちなみに、「霍乱」は暑気あたりによる症状をさす中国医学の用語でしたが、現在の中国語ではコレラを指します。

Q.16

【日本語を間違えているのはどれ？】

❶ 明日の会議は大物揃いなので気が張るね

❷ 大丈夫　相手の顔色をうかがう必要はないよ

❸ ありがとう　君の名前に泥を塗るような真似はしないよ

A.16

間違っているのは…

③

×「名前に泥を塗る」

正しくは

「顔に泥を塗る」

「顔に泥を塗る」でひとつの慣用句なので、泥を塗るのは顔のみと覚えておくと良いでしょう。

他に「面目をつぶす」「体面を傷つける」などの言い方もあります。

Q.17

【日本語を間違えているのはどれ？】

1
ギリギリ締め切りに間に合いそうだよ
2
ありがとうございます先輩の働きには本当に感心します
3
おだててても何も出ないぞ

A.17

間違っているのは…❷

×「感心します」

正しくは

「感銘を受けます」等

「感心」は良い意味に使うことも多いのですが、逆説的に用いてあきれ・驚きを表現するときにも使われるので、目上の人物に対して使うのは避けた方が良いでしょう。

Q.18

【日本語を間違えているのはどれ？】

1
彼女、猛獣みたいな人だったけどずいぶん変わったね
2
良い職場に転職して毒気を抜かれたみたいよ
3
それはそれで張り合いがない気もするなあ

A.18

間違っているのは…2

×「毒気を抜かれた」

正しくは

「牙を抜かれた」

「毒」「毒気（どくけ・どっけ）」には、他人の気持ちを傷つけようとする気持ち・悪意という意味があります。

しかし「毒気を抜かれる」となると、相手をやりこめようとしたのに予想外の反応をされて気勢をそがれるという意味になります。

性格がおとなしくなったことを言いたいのであれば「牙を抜かれた」などが良いでしょう。

Q.19

【日本語を間違えているのはどれ？】

1
ついにマスコミが
非難の口火を
つけてきたな
2
ごまかしの努力は
水泡に帰したね
3
今後炎上する
可能性を考えると
胸がふさがるよ

A.19

間違っているのは…

❶

×「口火をつけてきた」

正しくは

「口火を切った」

「口火を切る」はきっかけをつくるという意味の慣用句です。「火」はつけるもので、「口火」は切るものです。

ちなみに、火打ち石でおこした火は「切火」とも言います。

Q.20

【日本語を間違えているのはどれ？】

1
不祥事がばれてから上を下への大騒ぎね
2
なぜ取締役たちは会長に肩入れするのですか？
3
的を得た質問ね取締役たちが学生時代に会長の教え子だったからよ
4
なるほど報恩と自己保身なんですね

A.20

間違っているのは…

③

×「的を得た」

正しくは

「的を射た」

「的」は矢で射るものです。的そのものを得たとしても、この言葉の持つ「的確・要点をつく」という意味にはなりません。

近年の調査では「的を得る」という言い方も普及しているようですが、言葉の意味を考えれば、「射る」が正しいことが分かるでしょう。

Q.21

【日本語を間違えているのはどれ？】

❶ 先輩、さっきの会議での
ご説明はお見事でしたね

❷ そうかな、自分では
思うようにいかなくて
はがゆかったんだが

❸ 木に竹を接ぐようで
良かったですよ

❹ それなら胸のつかえも
下りるのだがね

A.21

間違っているのは…③

×「木に竹を接ぐ」

正しくは

「なめらか」等

材質の違う木と竹をつないでもうまくいかない・不自然であることを言ったのが「木に竹を接ぐ」です。

前ページの部下は、先輩の説明はスムーズだったと言いたかったのかもしれませんが、それならば「なめらか」「立て板に水」などが適当です。と

3章

間違いやすい四字熟語

四字熟語は、正しく覚えていなければなかなか間違いに気づかないものですが、「この字、なにか変だな？」という違和感を大事にして読み進めてみてください。

Q.01

【日本語を間違えているのはどちら？】

A.01

間違っているのは…❷

×「順風満々」

正しくは

「順風満帆」

「順風満帆《じゅんぷうまんぱん》」は、帆に風が満ちてスムーズに船が進む様子から、ものごとが順調に進むさまを意味します。

一方、「満々」は満ちあふれているという意味です。風があふれているだけでは船は進みません。帆に風を受けて初めて船は動くのです。

Q.02

【日本語を間違えているのはどちら？】

1
小沢さんのお子さん
天真爛漫《らんまん》で
かわいかったですね
2
本当にね
あんな子がいたらそれは
一身不乱に働くよ

A.02

間違っているのは…

2

×「一身不乱」

正しくは

「一心不乱」

「一心不乱」は、一つのことに心を集中させて懸命になるという意味の四字熟語なので、「身」ではなく「心」を使います。

『阿弥陀経』という仏典に、「我体を捨て南無阿弥陀仏と一体なるを一心不乱というなり」という記述があります。これが「一心不乱」の語源だと考えられますが、ここで重要視されているのも心の方です。

Q.03

【日本語を間違えているのはどちら？】

1
豪華絢爛《けんらん》なコレクションをお持ちだそうですね
2
いやあ玉石混同で質の低いものもあるけどね

A.03

間違っているのは…

2

×「玉石混同」、

正しくは

「玉石混交」、「玉石混淆」

優れた玉と劣っている石が混じり合っている状況をあらわすのが「玉石混淆」です。「玉石混同」では、玉と石を混同する・同一のものと間違えるという意味になってしまいます。なお「淆」の字は常用漢字にはないため、近年では「交」が使われているようです。

Q.04

【日本語を間違えているのはどちら？】

❶
飲み会の時も織田さんは品行良正でしたね
❷
本当かい？あまり覚えてないから半信半疑だなあ

A.04

間違っているのは…❶

×「品行良正」

正しくは

「品行方正」

「品行」は、ふるまいや行い、「方正」は心がきちんとしているという意味です。
「良正」は人名としては存在しますが、言葉としてはありません。

Q.05

【日本語を間違えているのはどちら？】

1
こんな人通りの多いところで事件を起こすなんて大胆無敵ね
2
それなのに目撃者が少ないなんて捜査は四苦八苦しそうね

A.05

間違っているのは…

1

×「大胆無敵」

正しくは

「大胆不敵」

「大胆無敵」は「大胆不敵」の誤用です。「不敵」とは恐れを知らず、どんな相手も敵ではないと考える態度です。「無敵」とは敵がいないほど強いということですが、この場合は「無敵」と言えるほどの状況ではないでしょう。

Q.06

【日本語を間違えているのはどちら？】

1
外出先で偶然
人情沙汰を
見てしまったよ
2
それは驚いたでしょう
一体何があったのか
興味津々ね

A.06

間違っているのは…

1

×「人情沙汰」

正しくは

「刃傷沙汰」

読みは「人情」「刃傷」どちらも「にんじょう」ですが、「刃傷沙汰」は字の通り、刃物による傷ができるような深刻な状況を指します。

なお「興味津々」の「津々」は、あふれ出ているさまを意味します。「深々」と間違いがちなので注意しましょう。

Q.07

【日本語を間違えているのはどちら？】

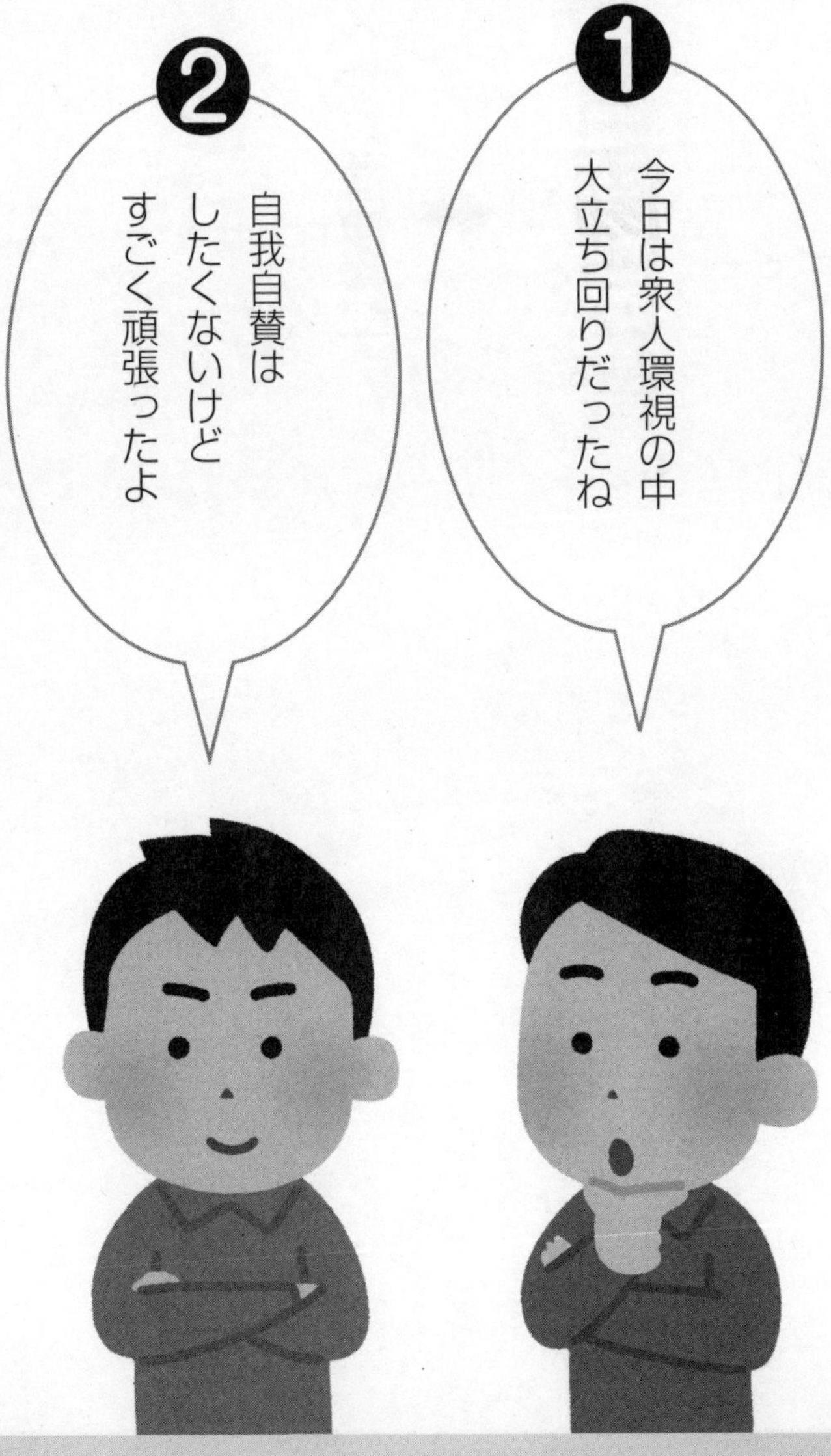
1
今日は衆人環視の中
大立ち回りだったね
2
自我自賛は
したくないけど
すごく頑張ったよ

A.07

間違っているのは…

❷

×「自我自賛」

正しくは

「自画自賛」

「自画自賛」は、自分で自分を称賛するという意味の四字熟語です。言葉の意味としては「我」でも間違いではなさそうですが、なぜ「画」なのでしょうか。
「賛」は、絵画の中に書かれる称賛の詩文のことです。本来は他人に書いてもらうものですが、自分で書いてしまうことから、この言葉が生まれました。
語源に絵画がかかわっているので、「画」の字が使われるのです。

Q.08

【日本語を間違えているのはどちら？】

1
一時は四面楚歌
だったけどおかげで
なんとかなったよ
2
私もほっとしました
これで汚名挽回ですね

A.08

間違っているのは…②

×「汚名挽回」

正しくは

「名誉挽回」「汚名返上」

挽回するのは「名誉」で、「汚名」は返上するものです。ですから「名誉挽回」または「汚名返上」が正解です。

「名誉挽回」と「汚名返上」は混同しやすい四字熟語の代表格です。しかし言葉の意味を理解して覚えれば、間違うことはなくなるでしょう。

Q.09

【日本語を間違えているのはどちら？】

1
東さんはあまり意志鮮明じゃないから信用できないよ
2
そりゃ君の質問が意図不明だからじゃないかな

A.09

間違っているのは…

1

×「意志鮮明」

正しくは

「旗幟鮮明」

「旗幟《きし》」とは旗やのぼりのことです。戦場で旗を掲げ、どの陣営に属するかを明確にするように、意志や主張がはっきりしているという意味の言葉が「旗幟鮮明」です。

なお「意志」は明確にするもので、「意識」は鮮明にするものです。

Q.10

【日本語を間違えているのはどちら？】

A.10

間違っているのは…

2

×「意味深淵」、

正しくは

「意味深長」

「意味深長」は、ある表現が奥深い意味を持っているという意味の四字熟語です。

「深淵」は、深い川や、物事が奥深いという意味です。単独で使うことはありますが、「意味」とつなげて使うことはありません。

Q.11

【日本語を間違えているのはどちら？】

1
あんな商品は羊頭苦肉で見かけ倒しよ
2
二束三文で売られていても欲しくないよね

A.11

間違っているのは…

1

×「羊頭苦肉」

正しくは

「羊頭狗肉」

「羊頭狗肉」は、中国の禅書『無門関』から生まれた言葉です。

店頭には羊の頭をかかげて立派なものを売っているように見せかけながらも、実際に売るのは狗（犬）の肉だったという故事から、見かけ倒しという意味になります。

「苦肉」を使った言葉には「苦肉の策」があります。この場合の「肉」は自分の体のことで、あえて自分を危険にさらすことで敵をあざむく戦術「苦肉計」から来ています。こちらも中国の『兵法三十六計』という兵法書に書かれています。

Q.12

【日本語を間違えているのはどちら？】

1
困難辛苦の末に
いい職に就けたよ
君は転職しないの？
2
私は今の職場で
円満具足だから
当分は転職しないわ

A.12

間違っているのは…❶

×「困難辛苦」

正しくは

「艱難辛苦」

「艱《かん》」「難」「辛」「苦」は、どれも険しい・難しい・辛い・苦しいなど、悩み深い状況を示す字です。

似た意味の字を連ねることで、きわめて困難な状況をあらわしたのが「艱難辛苦」です。

「困」も意味や音は似ていますが、「困難辛苦」という言葉はありません。

Q.13

【日本語を間違えているのはどの人？】

①
あなたって
純真無垢な人ね
②
才色兼美だし
うらやましいわ
③
お上手ね
社交辞令として
聞いておくわ

A.13

間違っているのは…

❷

×「才色兼美」

正しくは

「才色兼備」

「才色」の「才」は才能、「色」は容姿を意味します。そして、この2つを兼ね備えているのが「才色兼備」です。「色」には美しさという意味があるので、「美」の字を入れる必要はありません。

Q.14

【日本語を間違えているのはどの人？】

1
よくあの人と親しくできるね
叱咤激励なんて言って
怒鳴ってくるのに
2
そう？
豪放磊落《ごうほうらいらく》な性格で
付き合いやすいよ
3
それは君が博学多彩で
目をかけられて
いるからでしょう

A.14

間違っているのは…❸

×「博学多彩」

正しくは

「博学多才」

「博学」は広い分野にわたって知識を持つという意味です。「多才」もやはり多くの知識・能力を持つという意味なので、似た意味の語句を連ねて強調した四字熟語です。

「彩」には、色どり・色をつけるなどの意味はありますが、知識という意味はありません。

Q.15

【日本語を間違えているのはどれ？】

❶ 今ならあの時は
心神耗弱状態
だったんだと分かるよ

❷ 自《じ》縄《じょう》自《じ》縛《ばく》に陥《おちい》っていて
周りが見えて
いなかったんだね

❸ 心気一転して
また明日から頑張ろう

A.15

間違っているのは…❸

×「心気一転」

正しくは

「心機一転」

「機」の字は、きっかけ、はずみという意味を持ちます。あるきっかけによって気持ちを切り替えるのが「心機一転」です。

「心気」だと、切り替えのためのきっかけという意味がなくなってしまいます。気持ちを切り替えるためには、何かきっかけがあった方が良いでしょう。

Q.16

【日本語を間違えているのはどれ？】

❶ このまま順当にいけば次の部長は十中八九今井さんですね

❷ そんなことを言うのは時期早尚だよ

❸ しかし社内は二六時中この話でもちきりですよ

A.16

間違っているのは…

❷

×「時期早尚」

正しくは

「時期尚早」

何かを実行するにはまだ早いという意味の四字熟語が「時期尚早《しょうそう》」です。「尚」は「なお」とも読み、さらに・やはりなどの意味がある字です。「なお早い」と覚えておくと良いかもしれません。

なお「三六時中」は間違いではありません。一般的には「四六時中」と言う方が多いかもしれませんが、時間を干支の十二刻（十二刻×2＝24）であらわした時代の言葉が今も残っているのです。現代では4×6＝24時間で「四六時中」です。

Q.17

【日本語を間違えているのはどれ？】

❶
新しいCEOは
綱紀静粛を
掲げましたね
❷
でも権謀術数にたけた
役員がどう動くかで
結果は変わるわよ
❸
怖いなあ
これじゃ疑心暗鬼にも
なるよ

A.17

間違っているのは…❶

×「綱紀静粛」

正しくは

「綱紀粛正」

「綱紀」は、大きな決まり事という意味です。「粛正」とは厳しく取り締まることで、「静粛」は静かにする、慎むことです。

会議などで「静粛に！」と呼びかけることはありますが、綱紀は「粛正」するものです。

Q.18

【日本語を間違えているのはどれ？】

1
試行錯誤していた
レポートがついに
出来たんだね
2
賛非両論あるでしょうが
賛同を得られるよう
努力します
3
満場一致は難しかも
しれないけど頑張って

A.18

間違っているのは…

2

×「賛非両論」

正しくは

「賛否両論」

あることに対して賛成と否定の両論があり、優劣がつけられないのが「賛否両論」なので、「非」ではなく「否」が正解です。

Q.19

【日本語を間違えているのはどれ？】

1 味方もいないし絶対絶命ね
2 君だけは最後までつきあってくれるよね一蓮托生だよ
3 不要不急の用事をあるので失礼します
4 そんな冷酷無情なこと言わないでよ

A.19

間違っているのは…

1

×「絶対絶命」

正しくは

「絶体絶命」

「絶体」と「絶命」はともに、九星術で不吉な星の名前とされています。そこから転じて、どうしても逃げられない、せっぱつまった状況を指すのが「絶体絶命」となります。逃れられない運命ということなので、絶望感が増します。

Q.20

【日本語を間違えているのはどれ？】

1 あの社長の言うことは朝令暮改で信用できないよ

2 そんな言い方は傲慢不遜だよ

3 だって猪突猛進しているだけじゃないか

4 じゃああなたはさしずめ唯我独尊ね

A.20

間違っているのは…❷

×「傲慢不遜」

正しくは

「傲岸不遜」

「岸」には、切り立った崖などの意味があります。これが転じて、「傲岸」は切り立った岸のように態度がけわしいという意味となります。

「遜」はへりくだるという意味です。「不」がついて、へりくだらずおごり高ぶる様子をあらわしています。

Q.21

【日本語を間違えているのはどれ？】

1 千載一遇のチャンスなんだ 力を貸してくれ
2 無為無職の人間に貸すお金はありません
3 頼むよ、徒手空拳で他に頼れる人がいないんだ
4 それはあなたの自業自得でしょう

A.21

間違っているのは…②

×「無為無職」

正しくは

「無為徒食」

「無為」とは何もしないことです。「徒」には、いたずらに・無駄にという意味があり、「徒食」はいたずらに食べるだけ、つまり日々を無駄に過ごすということです。

無為徒食の人は、何もしない一方で食事だけは立派にしているというのが人をイライラさせるのかもしれません。

4章

間違いやすい敬語

監修：磯部らん

敬語は社会人としての基本技能です。ですが、正しい敬語は難しいですよね。イライラすると記憶力が低下してしまうので、無理のないペースで読み進めてください。電話対応についても取り上げています。

Q.01

【日本語を間違えているのはどちら？】

1
失礼いたします
10時にお約束しております
小林と申します
2
お待ちしておりました
すぐに担当者が
みえますので
控室でお待ちください

A.01

間違っているのは…②

×「担当者がみえます」

正しくは

「担当者が参ります」

②の男性は「担当者が来ます」と言いたいのでしょうが、それならば「みえる」ではなく「参る」が正解です。

「みえる」は相手の行動を示す尊敬語です。自分の会社の社員の行動をへりくだって示す場合はふさわしくありません。

「行く」の謙譲語・丁寧語である「参る」を使うのが正解です。

Q.02

【日本語を間違えているのはどちら？】

A.02

間違っているのは…

1

×「参られる」

正しくは

「いらっしゃる」

「参る」は「行く」「来る」の謙譲語です。謙譲語は自分の言動をへりくだって言うときに使うものなので、自分以外の相手に使うのは誤りです。

このような場合は、「来る」の尊敬語である「いらっしゃる」「お越しになる」が適切です。

なお、「参る」には「電車が参ります」などの丁寧語の用法もあります。

Q.03

【日本語を間違えているのはどちら？】

A.03

間違っているのは…

1

×「おりますか」

正しくは

「いらっしゃいますか」

電話での会話は相手に敬語を使う必要がありますが、「おる」は自分の動作をしめす謙譲語なので、ふさわしくありません。「いらっしゃいますか」などにしましょう。

Q.04

【日本語を間違えているのはどちら？】

A.04

間違っているのは…

2

×「お持ちしてください」

正しくは

「お持ちください」

「お持ちする」は、自分の動作を低めて説明するときに使う謙譲語なので、ふさわしくありません。「持つ」に「お〜ください」をつけて尊敬をあらわす「お持ちください」などにしましょう。

Q.05

【日本語を間違えているのはどちら？】

❶
いいアイデアが出たね
社長も僕たちのご提案に
賛成なさるはずだよ

❷
さっそく明日にでも
ご意見をうかがって
みよう

A.05

間違っているのは…❶

×「ご、提案」

正しくは

「提案」

「ご」は尊敬語としても謙譲語としてもよく使われる接頭語です。

ただ、①は自分たちの提案に対して尊敬語を使ってしまっているので、間違いです。

②にある「ご意見」の「ご」は、社長への尊敬語と考えられるので、問題ありません。

Q.06

【日本語を間違えているのはどちら？】

1
社長は いらっしゃいますか？
2
はい、取り次ぎますので お名前を頂戴《ちょうだい》できますか

A.06

間違っているのは…②

×「頂戴できますか」

正しくは「お聞かせいただけますか」

「頂戴する」は「受け取る」の謙譲語です。相手の名刺を受け取るときなどに「頂戴いたします」と言うのは問題ありませんが、相手の名前を聞くときには使いません。

「お聞かせいただけますか」「お伺いしてもよろしいでしょうか」などが適切です。

Q.07

【日本語を間違えているのはどちら？】

1
よろしければ限定の記念品をいただいていってください
2
これはご丁寧にありがとうございますお礼の申し上げようもありません

A.07

間違っているのは…1

×「いただいていってください」

正しくは

「お持ち帰りください」

「いただく」は謙譲語で、自分の言動をへりくだってあらわすときに使うものです。

この場合は相手に記念品を持ち帰ってもらいたいのですから、「お持ち帰りください」「お受け取りください」などが良いでしょう。

Q.08

【日本語を間違えているのはどちら？】

A.08

間違っているのは…②

×「ご活用されてください」

正しくは

「ご活用なさってください」

「される」は「する」の尊敬語ではありますが、「する」の尊敬語には他にも「なさる」があります。

「される」は受け身の動詞としても使われるまぎらわしい言葉なので、語尾に「～ください」がつく場合は特に「なさる」を使う方が良いです。

あるいは、シンプルに「ご活用ください」でも良いでしょう。

Q.09

【日本語を間違えているのはどちら？】

1
先方に挨拶をするので
先輩より少し先に
到着するように参ります
2
分かった
粗相をなさらないよう
気をつけてね

A.09

間違っているのは… ②

×「粗相をなさらないよう」

正しくは

「粗相をしないよう」

「なさる」は「する」の尊敬語です。この言い方だと後輩に尊敬語を使うことになるので、ここはシンプルに「粗相をしないよう～」で問題ありません。

Q.10

【日本語を間違えているのはどちら？】

1
さきほどはご親切に
ご対応いただき
ありがとうございました
2
とんでもございません
当たり前のことを
したまでです

A.10

間違っているのは…

2

×「とんでもございません」

正しくは

「とんでもないです」

「とんでもない」というのは、「とんでも」に「ある・ない」がついたものではなく、もともと一つの形容詞です。ですので、敬語にするなら「とんでもない＋です」「とんでもない＋ことでございます」などとなります。

Q.11

【日本語を間違えているのはどちら？】

❶
毎度足を
お運びいただき
ご苦労さまです
❷
こちらこそ
お時間をいただき
恐縮です

A.11

間違っているのは…

❶

×「ご苦労さま」

正しくは

「お疲れさま」

「ご苦労さま」は目下の人に使うものというのがビジネスマナーです。来客に対しては「お疲れさま」「ありがとうございます」などの方が良いでしょう。

なお「恐縮です」は、「ありがとう」と「申し訳ない」という気持ちが入り混じった言い方なので、使い方をマスターすると便利です。

Q.12

【日本語を間違えているのはどちら？】

1
さっき料理を頼んだので一緒にいただきましょう
2
ではありがたくいただかせていただきます

A.12

間違っているのは…

❷

×「いただかせていただきます」

正しくは

←

「いただきます」

「いただく」は「もらう・食べる」などの謙譲語です。

また、敬語としてよく使われる「させていただきます」は、相手の承諾を得て何かを行う場合に用いる謙譲語です。

①のように使うのは問題ありませんが、②のように重ねて使うのは正しくありません。過剰にへりくだる必要もないので、「いただきます」で十分です。

Q.13

【日本語を間違えているのはどちら？】

A.13

間違っているのは…❶

×「おっしゃられた」

正しくは

「おっしゃった」

「おっしゃる」は「言う」の尊敬語です。ですので単体で使うのであれば問題ありませんが、そこに尊敬語「られる」が続くと、二重敬語になってしまいます。

どちらか片方で十分なので、「おっしゃる」「言われる」などにしましょう。

Q.14

【日本語を間違えているのはどちら？】

1 打ち合わせの日程ですが来週の金曜日はご都合いかがでしょうか
2 その日はお休みをいただいておりますので木曜日にしていただけませんか

A.14

間違っているのは…

2

×「いただいております」

正しくは

「とっております」

「いただく」という言葉には丁寧な響きがありますが、休みは電話の相手からもらったわけではありません。

休みをくれたのは自分の会社なので、「お休みをいただく」という言い方だと自社に尊敬語を使うことになってしまいます。

「休みをとっています」などと言いましょう。

Q.15

【日本語を間違えているのはどちら？】

1
うちの新製品、先輩はもう拝見されましたか？
2
今ちょうど社長がご覧になっているからあとで一緒に見よう

A.15

間違っているのは…

1

×「拝見されましたか」

正しくは

「ご覧になりましたか」

「拝見」は「見る」の謙譲語で、自分の言動をへりくだって言うときに使います。

ここでは話し相手に尊敬語を使うべきなので、「見る」の尊敬語「ご覧になる」などを使うと良いでしょう。

Q.16

【日本語を間違えているのはどの人？】

①
本日はどうぞよろしくお願いいたします
②
山田様でございますね遠い所をお越しいただきありがとうございます
③
担当者が来るまでお茶とお菓子でも召し上がってください

A.16

間違っているのは…

❷

×「ございますね」

正しくは

「いらっしゃいますね」

「ございます」は「ある」などの動詞の丁寧語です。この場合は「～である」という補助動詞を丁寧にしており、言葉としては丁寧ですが、相手への敬意がありません。

このような場合は相手を直接うやまう尊敬語「いらっしゃる」などを使いましょう。

Q.17

【日本語を間違えているのはどれ？】

1
部長、今日のランチご一緒してもよろしいですか？
2
ご多分にもれず牛丼のつもりなんだけどいいかしら？
3
もちろん構いません部長の健啖家ぶりは見ていて痛快です

A.17

間違っているのは…❶

×「ご一緒してもよろしいですか」

正しくは

「お供してもよろしいですか」

「ご一緒」は同行することをへりくだって言う言葉ではありますが、主に同格の人に対して使う言葉です。

目上の人に対して言う場合は「お供してもいいですか」などが適切です。

Q.18

【日本語を間違えているのはどれ？】

1
おかげさまで新商品が予想以上に売れています
2
それは良かった！そのことを社長はもうお聞きしているのかい？
3
先に先輩にご報告したかったのでまだです

A.18

間違っているのは…❷

×「お聞きしているのかい」

正しくは

「お聞きになったのかい」

「聞く」という言葉を丁寧な言い方にしたかったのでしょうが、「お聞きする」では自分の言動を敬うことになってしまいます。

「お聞きになった」「聞かれた」などが良いでしょう。

Q.19

【日本語を間違えているのはどれ？】

1
中村課長はお手すきでしょうか？
2
あいにく中村は席を外しておりますが
3
では伝言をお申し伝えください
4
かしこまりましたお伝えいたします

A.19

間違っているのは…③

×「お申し伝えください」

正しくは

「お伝えください」

「言う」の謙譲語「申す」に「伝える」をつけたものが「申し伝える」です。自分が「申し伝える」を実行するのであれば問題ありませんが、③のように誰かに依頼するときには「お伝えください」「お伝えいただけますでしょうか」などの方が良いでしょう。

Q.20

【日本語を間違えているのはどの人？】

1 こんど出張で北海道の出張所を訪問するんです
2 それならとれたての野菜をごちそうになってください
3 私も食べましたよ　ぜひご笑味ください
4 私も北海道の取引先にお邪魔したいな

A.20

間違っているのは…②

×「ごちそうになってください」

正しくは

「お食べください」

【解説】

「ごちそうになる」は、自分が食事を食べる際などに使う謙譲語なので、②のように相手の言動には使えません。「お食べください」「召し上がってください」などと言いましょう。

ちなみに、「ご笑味」は間違いではありません。「ご賞味」もありますが、「賞」という文字には「ほめる」という意味があるので、「ほめながら食べてください」という意味になってしまいます。目上の人との会話では避けた方が良いので、「笑味」が適切です。

5章

間違いやすい表記

この章では、日々やりとりするメールやSNSでの間違いを確認していくので、横書きになります。メールの書き方については主に仕事でのやりとりを、SNSの表記については日常のシーンを想定しています。

Q.01

【表記を間違えているのはどちら？】

❶ 打ち合わせについて

関係者各位様

お世話になっております、鈴木です。
来月１日の打ち合わせは午後２時からです。
よろしくお願いいたします。

鈴木

❷ Re:打ち合わせについて

鈴木様

お世話になっております。
打ち合わせの時間、２時で承知いたしました。
よろしくお願いいたします。

佐藤

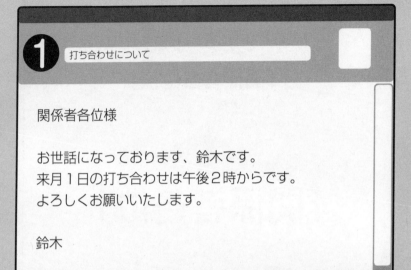

A.01

間違っているのは… 1

×「関係者各位様」

正しくは

「関係者各位」

「各位」は、２人以上の相手に対する敬意を含んでいる敬称で、メールや文書などでよく使われます。人名の場合のように「様」もつけたくなるかもしれませんが、「各位」のみで相手への敬意は伝わります。

Q.02

【表記を間違えているのはどちら？】

1

ご無沙汰しております

株式会社彩図社御中
田中様

ご無沙汰しております。
また一緒に飲みに行きませんか。
今週末の金曜日はいかがでしょうか？

高橋

2

Re:ご無沙汰しております

高橋様

お久しぶりです、ご連絡ありがとうございます。
今週の金曜日、大丈夫です。
会えなかった間のお話をしましょう。

田中

A.02

間違っているのは… 1

×「株式会社彩図社御中
田中様」

正しくは

「株式会社彩図社
田中様」

「御中《おんちゅう》」は企業などの団体に対して使う敬称で、「様」は個人相手の敬称です。

このメールのように企業の中の特定の個人にあてて書く場合は、個人への敬称のみで問題ありません。

「御中」は、企業中の個人名が分からない場合などに使いましょう。

Q.03

【表記を間違えているのはどちら？】

1

ありがとうございます

伊藤様

ご連絡ありがとうございます。
御社の商品はいつも面白いですね。
後日まとめて発注させていただきます。

渡辺

2

Re:ありがとうございます

渡辺様

ありがとうございます。
当社の長年の努力の成果が実りました。
ご注文をいただける日を心待ちにしております。

伊藤

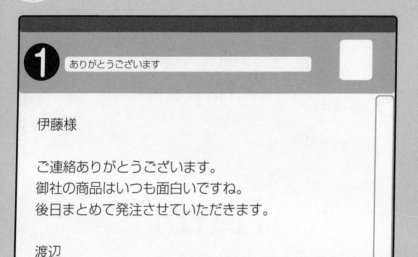

A.03

間違っているのは… ❶

×「御社」

正しくは

「貴社」

「御社《おんしゃ》」は相手の団体に対する敬称です。ただし、会話の中で使う話し言葉なので、文書内などの書き言葉の場合は「貴社《きしゃ》」を使いましょう。

Q.04

【表記を間違えているのはどちら？】

1

ご結婚おめでとうございます

山本様

このたびはご結婚おめでとうございます。
先ほどお祝いの品をお送りしましたので
ご受納いただければ幸いです。
お二人の末永いご多幸をお祈りいたします。

中村

2

ありがとうございます

中村様

先日は私どもの結婚にあたり、結構なお品を
お送りいただき、誠にありがとうございます。
本日内祝いをお送りいたしましたので
どうぞお納め下さいませ。

山本

A.04

間違っているのは… ②

× 「内祝い」

↓

正しくは

「心ばかりの品」

結婚の報告と、それに対するお祝いのメールです。このような文書にはテンプレートがあるので、それらを利用すれば、ほとんどの場合はミスをせずにすみます。

ただ、「内祝い」とは祝辞へのお返しとして贈る品ではなく、身内の慶事のおすそ分けなので、このような場合は適切な言葉ではありません。「心ばかりの品」などとすると良いでしょう。

Q.05

【表記を間違えているのはどちら？】

1

お悔やみ申し上げます

小林様

ご家族のご逝去の報に接し、驚いております。
心よりお悔やみ申し上げます。
森さまも、くれぐれもお体にお気をつけください。
ご返信は不要です。

加藤

2

Re.お悔やみ申し上げます

加藤様

このたびは過分なお心づかいをいただき、
心よりお礼を申し上げます。
おかげさまで無事葬儀を終えることができました。
略式ながらメールにてご報告・お礼とさせていただきます。

小林

A.05

間違っているのは… ❶

×「くれぐれも」

↓

正しくは

「どうぞ」「なにとぞ」等

①は、「死去」「亡くなる」などの直接的な表現を控え、「返信は不要」と書き添えている、良い文面です。

しかし、不幸に言及するメールなので、「くれぐれも」などの重ね言葉は避け、不幸が続くイメージを相手に抱かせない方が良いでしょう。

一方、返事を書くときは、簡潔に相手の気づかいに感謝する文面でかまいません。

Q.06

【表記を間違えているのはどちら？】

1 お誘い

松本様

いま帝国劇場で上演中のミュージカルは
究極のエンターテイメントです。
ぜひ一緒に観に行きましょう。

山田

2 ごめんなさい

山田様

ミュージカルは好きなのですが、
主演の俳優のナルシシストぶりが苦手なので
今回は遠慮します。

松本

A.06

間違っているのは… 1

×「エンターテイメント」

↓

正しくは

「エンターテインメント」

口頭では「エンターテイメント」と聞こえることも多いですが、英語表記は「entertainment」なので、「ン」を入れるのが正しい表記です。

一方、「ナルシシスト」の英語表記は「narcissist」です。日本ではオランダ語の「narcist」も浸透しているので「ナルシスト」と書かれることも多いですが、「シ」が重なっていても間違いではありません。

Q.07

【表記を間違えているのはどちら？】

1

おつかれさまです

吉田様

今回のドンキ・ホーテの舞台は
大成功でしたね。
次も共に頑張りましょう。

佐々木

2

Re:おつかれさまです

佐々木様

プリマ・ドンナの素晴らしいパフォーマンスが
成功の秘訣でしたね。
次も頑張りましょう。

吉田

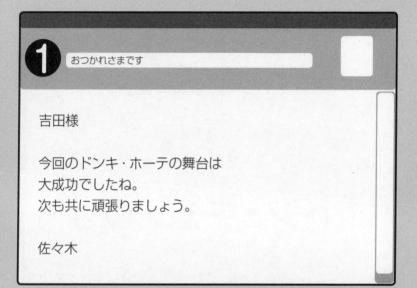

A.07

間違っているのは… ❶

×「ドンキ・ホーテ」

正しくは

「ドン・キホーテ」

「ドンキホーテ」はスペイン語で、「Don Quijote」と表記されます。「ドンキ」が愛称のディスカウントストアも、正式名称は「ドン・キホーテ」となっています。

一方の「プリマドンナ」はイタリア語で「Prima donna」と表記するので、「プリマ・ドンナ」が正解です。

Q.08

【表記を間違えているのはどれ？】

SNS

1 先週の授業で出た課題は難しいね、私の手には負えないよ

2 私も、やむ終えず提出期限を伸ばしてもらったんだ

3 日を追うごとに焦りだけが増していくよ

4 テストの成績も目を覆わんばかりだったから進級できるか心配

A.08

間違っているのは… ❷

×「やむ終えず」

↓

正しくは

「やむを得ず」

「やむ＋終えず」や「やむ＋負えず」は間違いで、正しくは「やむ＋を＋得ず」です。字の通り、それまで続いていたことを止めることを余儀なくされることから「しかたがない」という意味になります。

Q.09

【表記を間違えているのはどれ？】

SNS

1
店を開きたいので
お金を援助してください

2
あなたに一番に連絡
したんだ
返事かえしてほしいな

3
友達とのお金のやりとりは
先々後悔しそうだから
やめたいんだけど…

4
あなたが最後の頼みの綱
なのに…

A.09

間違っているのは… 2

× 「返事かえして」

↓

正しくは

「返事をして」

「返事」という言葉にすでに「かえす」という意味が含まれているので、「返事かえして」では意味が重複してしまいます。

「店を開店する」「一番最初」「あとで後悔する」「最後の切り札」などもつい使ってしまいがちな重複表現なので、気をつけたいところです。